RECONOCER, ACE
ENTENDER Y EXP

CW01665125

nuestras emociones y sentimientos

NOS AYUDA A ESTAR BIEN
CON NOSOTROS MISMOS

y a relacionarnos mejor con los demás.

Los CELOS, la CULPA,

la ENVIDIA, el RECHAZO,

la SORPRESA y la VERGÜENZA

son algunas de estas emociones y sentimientos.

¡VAMOS A CONOCERLOS MEJOR!

¡SIENTO CELOS!
DIBUJA TUS CELOS.

- ¿Cuándo nos visitan los CELOS?
  Lee, piensa y contesta las preguntas.

Los CELOS aparecen

cuando creemos que una persona

PUEDE HACER PELIGRAR

la RELACIÓN

que tenemos con otra.

¿A quién has tenido miedo de perder alguna vez?

....

....

¿Has creído que alguien
ha puesto en peligro alguna relación que tienes?

....

....

- ¿Cuándo has sentido CELOS?
  Completa la frase y dibuja.

HE SENTIDO CELOS CUANDO

....

• ¿Cómo expresas tú los CELOS? Dibuja y acaba la frase.

CUANDO SIENTO CELOS

....

• Sigue estos pasos para transformar tus CELOS.

Los CELOS
no nos hacen sentir bien...
Transformarlos en
ALGO BONITO
DEPENDE DE TI.
¿Empezamos?

1 ¡IDENTIFÍCALOS!

¿POR QUIÉN SIENTES CELOS?

INTENTA EXPLICAR LO QUE SUCEDE EN TU INTERIOR...

....

....

2 DESCRIBE TUS DESEOS

SEGURAMENTE TE GUSTARÍA CAMBIAR ALGUNAS COSAS DE LA RELACIÓN QUE TIENES CON LA PERSONA QUE TEMES PERDER... ¿CUÁLES SON ESAS COSAS?

....

....

3 ¡EXPRESA TUS DESEOS!

DILE A ESA PERSONA LO QUE SIENTES
Y LO QUE TE GUSTARÍA COMPARTIR CON ELLA.

• • • • • • • • • • • •

Recuerda que para tener una buena relación con los demás, es necesario respetarse.

Conozcamos más sobre la CULPA.

¡SIENTO CULPA!

DIBUJA TU CULPA.

LA CULPA

"tiene que ver" con las acciones.

CUANDO PENSAMOS
QUE NO HEMOS ACTUADO CORRECTAMENTE,
nos sentimos mal
y aparece la CULPA.

También es posible que cuando nos equivoquemos temamos recibir un castigo.

¿TE HA PASADO ALGUNA VEZ? EXPLÍCALO:

....

....

• ¿Cuándo te has sentido CULPABLE?
Completa la frase y dibuja.

HE SENTIDO CULPA CUANDO

....

DIBUJA EL INTERIOR DE **TU CABEZA** CUANDO TE SIENTES CULPABLE:

DIBUJA EL INTERIOR DE **TU CORAZÓN** CUANDO TE SIENTES CULPABLE:

Cuando nos equivocamos, no sirve de nada "dar vueltas" a lo sucedido una y otra vez,

PERO SÍ QUE PODEMOS HACER OTRAS COSAS PARA MEJORAR LA SITUACIÓN.

5 PASOS PARA QUE LA CULPA SEA ÚTIL:

1. Reconocer nuestro error.
2. ACEPTAR LAS CONSECUENCIAS.
3. PENSAR EN QUÉ NOS LLEVÓ A ACTUAR ASÍ.
4. PEDIR DISCULPAS SI ES NECESARIO.
5. Aprender de lo sucedido para que no se repita.

Culpar a otros de lo que no nos sale bien,

QUE NOS CULPEN A NOSOTROS SIN RAZÓN APARENTE

o sentirnos culpables

por lo que otras personas hacen o dicen

SON COSAS RELACIONADAS CON LA CULPA

QUE PUEDEN PASAR.

¿HAS VIVIDO ALGUNA DE ESAS SITUACIONES?

¿Te gustó?

¿Crees que sería bueno hablar con alguien sobre ello?

Reflexiona tus respuestas...

¡ ECHA LA CULPA DE TU VIDA !

¡SIENTO ENVIDIA!
DIBUJA TU ENVIDIA.

• ¿Qué es la ENVIDIA? Completa.

La ENVIDIA ES UNA EMOCIÓN que aparece cuando DESEAMOS ALGO QUE POSEE OTRA PERSONA.

Ese "ALGO" pueden ser cosas materiales, como:

....

....

O PUEDEN SER COSAS NO MATERIALES, COMO POR EJEMPLO:

....

....

• ¿Cuándo has sentido ENVIDIA?
Completa la frase y dibuja.

HE SENTIDO ENVIDIA CUANDO

....

A NADIE LE GUSTA SENTIR ENVIDIA,
aunque todos la hemos experimentado alguna vez.

SIGUE ESTOS PASOS PARA TRANSFORMARLA:

1 : ESCRIBE TUS DESEOS

• *¿Qué quieres de lo que otra persona tiene?* •

DESEO..

....

2 : MIRA EN TU INTERIOR Y CONTESTA

• *¿Realmente lo quiero?* • *¿Es necesario?* •
• *¿Es importante para mí?* •

....

SI LA RESPUESTA A LAS PREGUNTAS DEL PUNTO 2 ES "SÍ":

3 : ¡MANOS A LA OBRA!

Escribe qué puedes hacer tú para conseguirlo.

– ....

– ....

– ....

– ....

– ....

¡A POR ELLO!

• Haz una lista de las cosas que te gustan de ti.

Otra manera de

TRANSFORMAR LA ENVIDIA

es dejar de fijarnos en lo que otros tienen

y recordar todo aquello que hemos conseguido

y que nos hace sentir bien.

MIRA DENTRO DE TI Y BUSCA TODAS AQUELLAS COSAS QUE TE HACEN SENTIR BIEN.

Conozcamos más sobre el RECHAZO.

¡SIENTO RECHAZO!
DIBUJA TU RECHAZO.

El RECHAZO

es lo que sentimos cuando queremos

APARTAR

a algo o a alguien

QUE NOS MOLESTA O NOS DESAGRADA.

También podemos rechazar

UNA PROPUESTA, UNA OFERTA

o determinados comportamientos.

PIENSA EN ALGO

QUE NO TE GUSTE

Y QUE TE APETECERÍA ENVIAR MUY LEJOS.

• ¿Hacia qué sientes RECHAZO? Dibuja y completa la frase.

SIENTO RECHAZO HACIA

....

• ¿Cuándo has sentido RECHAZO?
Completa la frase y dibuja.

HE SENTIDO RECHAZO CUANDO

• Escribe o dibuja cómo expresas tú el rechazo:

CUANDO SIENTO RECHAZO, LO EXPRESO ASÍ:

PUEDE QUE ALGUNA VEZ ALGUIEN NOS RECHACE...

En ese caso es normal sentirse dolido.

¿QUÉ PODEMOS HACER?

- Explícaselo a alguien de confianza. ¡Desahógate!
- PIENSA EN LO QUE HA PASADO SIN DARLE DEMASIADAS VUELTAS A LA CABEZA.
- Escribe en un papel el nombre de todas las personas que te quieren y te aprecian.

¡COMPARTE TU TIEMPO CON ELLAS!

Conozcamos más sobre la SORPRESA.

¡SIENTO SORPRESA!

DIBUJA TU SORPRESA.

Piensa en alguna vez que te hayas sorprendido y contesta:

¿DISFRUTASTE DE ESE MOMENTO?

¿TE SENTISTE CÓMODO O INCÓMODO?

¡ah!

¿TE GUSTA RECIBIR SORPRESAS? ¿POR QUÉ?

¡Oh!

LA SORPRESA DURA POCOS SEGUNDOS.

En cuanto averiguamos lo que sucede,

deja paso a otras emociones.

¿QUÉ OTRAS EMOCIONES PODEMOS SENTIR

después de la sorpresa?

Aunque es fácil confundirlos, SORPRESA y SUSTO no son lo mismo.

SI TE AVISAN, LA SORPRESA DESAPARECE Y EL SUSTO NO (PERO SE REDUCE).

* Explica una situación en la que te sorprendiste:

....

....

....

* Explica una situación en la que te asustaste:

....

....

....

- ¿Cómo los expresamos? ¡Dibuja las caras!

SORPRESA

- OJOS MUY ABIERTOS,
- CEJAS LEVANTADAS,
- BOCA ABIERTA,
- MANDÍBULA CAÍDA.

SUSTO

- OJOS CERRADOS,
- CEJAS CAÍDAS,
- LABIOS TENSOS Y EXTENDIDOS.

¡SORPRESA!

PIENSA A QUIÉN TE GUSTARÍA SORPRENDER Y PREPÁRALE UNA SORPRESA AGRADABLE.

¡Guarda el secreto hasta que llegue el momento!

LA SORPRESA ES LA EMOCIÓN
MÁS BREVE
DE TODAS LAS EMOCIONES.

Aparece cuando vivimos una situación inesperada y rápida.

Las **SORPRESAS** nos dan la OPORTUNIDAD de adaptarnos **mejor y más rápido** a los cambios.

Conozcamos más sobre la VERGÜENZA.

¡SIENTO VERGÜENZA!
DIBÚJALA.

La vergüenza aparece cuando tememos que no nos quieran o no nos acepten porque creemos que tenemos algunos defectos que los demás verán.

SI HEMOS HECHO ALGO QUE NO NOS GUSTA, ES POSIBLE QUE TAMBIÉN NOS SINTAMOS AVERGONZADOS.

¡NADIE ES PERFECTO!

TODOS TENEMOS

UN MONTÓN DE COSAS BUENAS,

ALGUNOS DEFECTOS

y a veces nos equivocamos.

- ¿Cuándo has sentido VERGÜENZA?
  Completa la frase y dibuja.

HE SENTIDO VERGÜENZA CUANDO

••

• ¿Cómo se manifiesta la VERGÜENZA?
Completa el dibujo y los recuadros.

SU CARA . . . .
. . . .
. . . .

SU CUERPO . . . .
. . . .
. . . .
. . . .

SIENTE VERGÜENZA.

- Seguro que hay muchas cosas de ti mismo que te gustan. ¡Anótalas y siéntete orgulloso!

ME GUSTA DE MÍ...

....

....

....

SOY BUENO EN...

....

....

....

DISFRUTO CUANDO...

....

....

....

HE CONSEGUIDO...

....

....

....

¡VALORARNOS AYUDA A SUPERAR LA VERGÜENZA!

La vergüenza nos

indica

que tememos ser **RECHAZADOS**

o que hay algo en nuestra vida

que nos gustaría que fuera diferente.

Piensa en un momento en el que la hayas sentido...

¿Qué cambios se te ocurren para mejorar esa vivencia?

....

....

....

El TARRITO DE LAS ESENCIAS

TODOS TENEMOS COSAS BONITAS EN NUESTRO INTERIOR QUE NOS HACEN ESPECIALES Y ÚNICOS.

SON NUESTRAS "ESENCIAS".

DIBUJA Y ESCRIBE DENTRO DEL TARRO TODAS AQUELLAS COSAS QUE TE HACEN ESPECIAL.

¡Acude a él para recordar que tienes muchas cualidades!